ジュリ・ブランシャン・フジタの本

Mon imagier japonais シリーズ, Hikari Éditions
La cuisine japonaise sans sushi, Stéphane Chapuy と共著, Éditions Kana
Kokekokkô ! 16 vues du Japon, Éditions Issekinicho
Terre rouge, Laurent Sick と共著, Éditions Quæ
Le chant du paypayo, Éditions Ibis rouge

www.julieblanchin.com

Le début
とりあえず

juin 1979年6月

私はラ・ロシェルのとなりの
サントで生まれます。
公団住宅で数ヶ月、
暮らします。

Allez, さぁ
c'est parti! 始めましょう!

ils sont fous
ces zippis! ヒッピーだべか?

mon père, prof d'arts plastiques 父は美術の先生。
ma mère, peintre et éduc' spé. 母はソーシャルワーカーで画家。

両親は近くの小さな村にある
廃屋を買います。

両親が家の基礎作りの間、
となり村のキャンプ場で
祖父母と一緒に暮らします。

わたし
moi

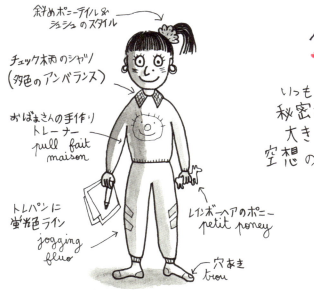

Été 1991年の夏

妹が6ヶ月。
家の改築は終了します。
が、すぐ売ります。
ペルピニャンへ引っ越しです。

ペルピニャンのとなり村で、
また廃屋を買います。

カタルーニャの旗

1994年

思春期。
私の興味は美術高校に
行く事だけです。両親、先生は
私には関係ないです。

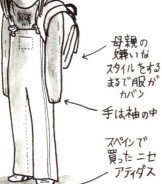

→ 母親の嫌いなスタイルをする まるで服がカバン
→ 手は袖の中
スペインで買ったニセアディダス

1997年

私はニームの
美術高校にいます。
スタイルは
ラブ＆ピース。

Ouaih d'abord la mode, c'est pour les nuls!
モードなスタイルはかっこよくないよね。

juin 2004年6月

9

競争相手は
タクいし、
仕事も少ない
一身女自分な
仕事でもない…

2004年

イラストレーターの就職活動はアマゾンでの生活より
大変です。なので、生物学者と一緒に6ヶ月間、
アマゾンで生活をします。そこで、私の経験をもとにコミックを
作り、出版します。フレンチポリネシアのブックフェアにゲストと
して招待されます。　←自慢します

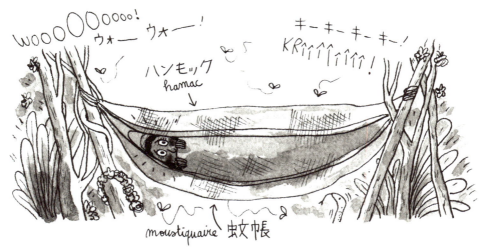

En 2007年

コミックを出版したおかげで、学術誌の出版社から声がかかり彼らの援助で、友達のグラフィックデザイナーと共にもう一度アマゾンへ森林保護の技術者に会いに2ヶ月間行きます。
自伝グラフィックノベルを出版し学術誌系のイラストレーターになります。

アマゾン川 →　　　私たちのボート

私はスーパーモチベーション。また新しいメガプロジェクトです。
自然科学の学術研究シリーズの制作です。
本当にスーパーメガプロジェクトです。

そして東京へ。
極地研究の学者に会います。
今度は彼らに同行して
南極大陸へ足を踏み
入れたいです。

オーストラリアにいる
コガタペンギンと
鳥類学者に会います。

東京では2週間の滞在。国立極地研究所のメグムさん、サトシさん、カオリさんはとても素敵な人たちです。彼らに色いろ教えてもらいます。研究所の仕事内容と…日本を。

後日、温泉にて。Le lendemain...

Je suis fascinée par ce pays dont je ne connaissais pas grand-chose.
日本をあまり知らなかった私。いつの間にかこの国に魅了されます。

Octobre 2009 年10月

Pour mener à bien mon idée d'embarquer à bord du Shirase jusqu'en Antarctique, je décide de partir à Tōkyō pour un an, le temps de bien tout préparer.
南極観測船「しらせ」に乗るために
もう一度東京に来て1年間、その準備をします。

Mais catastrophe ! Les subventions d'importants organismes scientifiques sur lesquelles je comptais pour travailler ne me sont finalement pas accordées !
Et me voici déjà en route pour le Japon...
が、大惨事です！国からの助成金が下りず、私の期待を裏切る結果となります。もう日本へ向かう飛行機に乗っています。

Mais que vais-je bien pouvoir faire à Tōkyō ?
私は東京でどうなりますか？

13

Ma colocation à Tamagawagakuen-mae
玉川学園前のシャールハウス

porte d'entrée
入口

jardin japonais avec petite terrasse
日本庭園 & テラス

Comme je n'ai pas trop d'argent, je commence par habiter dans une maison en colocation, située dans la banlieue ouest de Tōkyō. La vie y est agréable, de nombreux trains de banlieue desservent la ville régulièrement, nous sommes à 30 minutes de la gare de Shinjuku, une des gares géantes de Tōkyō.

私はリッチではないので、都心からはなれたシェアハウスに住みます。この家はとても住みやすいです。駅も近いし急行で新宿まで30分です。

私はこの部屋が大好きです。
外国人がイメージする
これぞ日本の部屋という感じです。

Ma chambre est tout simplement géniale. Tout en tatami, elle est séparée en deux par des shōjis, j'ai l'impression d'être dans une pub Obao des années 80.

17

Mes colocataires sont sympas et viennent de tous les horizons : Japon, Corée, Canada, Angleterre...
私のシェアメイトはとても良い人達です。
いろんな国の出身です。
日本、韓国、カナダ、イギリスなど…

Je travaille un peu sur quelques commandes d'illustration, mais avec Rina, une de mes colocataires, on organise souvent des repas-grillades.
私はフリーランスのイラストレーションの仕事をしながらときどきりなさんとバーベキューをします。

Rina est japonaise. Elle vient de rentrer d'une année passée en Australie, elle est en ce moment au chômage, du coup elle a du temps.
りなさんはオーストラリアのワーキングホリデーから帰って来たばかりです。
今は仕事がないので時間があります。

Un gros inconvénient de cette maison, c'est la faune qui y vit.
よくない事があります。
たくさんの虫と一緒に暮らします。

Des araignées géantes,
スーパービッグスパイダー

des limaces, des mouches, fourmis, etc.
なめくじ、むかで、あり…と

世界で一番シャイな人も住んでいます。
部屋から出ません。ゴミもたまります。
ゴキブリは うれしい です。

ときどき、りなさんと出かけます。
新宿、渋谷、下北沢…
そうなると帰る方法は2つです。

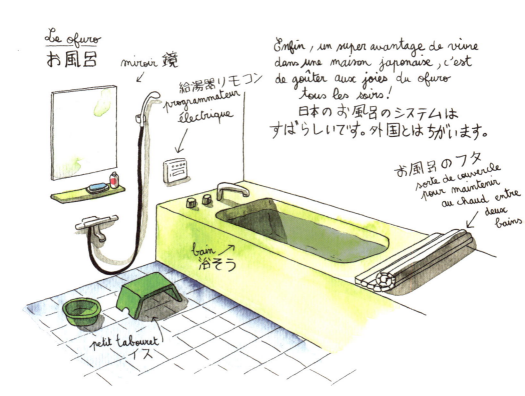

日本のお風呂 LE PRINCIPE DU OFURO AU JAPON

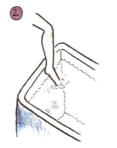
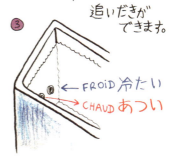

Le onsen 温泉

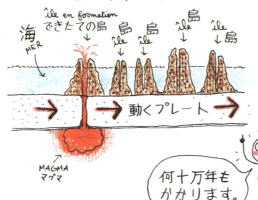

日本はプレート上に
6800もの島があり、
火山や温泉が
たくさんあります。

何十万年も
かかります。

日本人にとって温泉と
その文化は一般的ですが、
外国人にとっては
特別なものです。

Il y en a tellement et depuis
si longtemps que les plaisirs
du bain et de la toilette
sont carrément entrés dans
la culture populaire japonaise.
De nos jours, il y a des onsens
aménagés un peu partout, on
y va entre amis, en famille,
souvent il y a un restaurant,
un hôtel, des boutiques... Bref,
on y passe du temps.

À l'intérieur, les vestiaires.
脱衣所

しもつきに
てぬぐいひとつ
ほしともり

Le cadeau プレゼント

Shinjuku, 18h30, les cours de dessin animé que je donne viennent de se terminer.
午後6時半、新宿。私の教えるアニメのクラスも終わり、ホッとひと息。

誕生日パーティーまであと1時間。その前にプレゼントを探さなくちゃ。
Je me rends à la fête d'anniversaire d'un ami designer.

プレゼントは何がいいかな？
Qu'est-ce que je pourrais acheter comme cadeau.

Il faut que ce soit un truc stylé vu qu'il n'y aura que des artistes...
来る人達はみんなアーティストばかりだからむずかしい…
...pas simple !

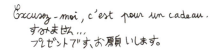

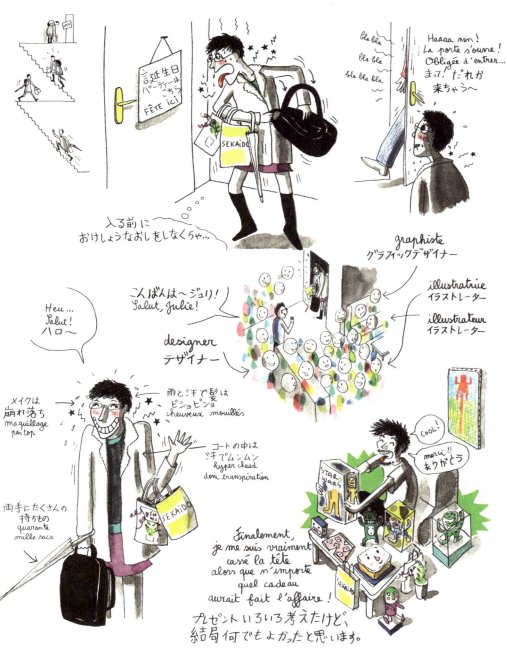

XXL

下北沢 Le quartier de Shimokitazawa

私は安くてかわいい服を買いに行きます。
Le quartier où on trouve de chouettes boutiques de vêtements d'occasion.

Jusqu'au terminus 終点まで

Je passe la soirée
dans un minuscule
bar underground du
quartier "Higashi-Koenji".
J'essaye de commander
un bou... buro burado...
boura... dulo...
Bref, un « bloody mary »
en japonais.

東高円寺の アングラなバーで
　　　ヴラッド
ブラッ、ブロッディ、何とか マリーを
　ブレッ、　　　　たのみます。

始発で家に
帰ろうと思ったけど、
そのまま 終点まで
行ってみます。

Le sable encore froid,
Écouter Nina Simone
Comme une peinture.

描かれた景色に浸る
朝の海
風に揺れる
ニナ・シモン

31

Premier été à Tōkyō 初めての東京の夏

東京の夏は
あついです。
L'été, à Tōkyō,
il fait chaud.

Avec les amis, nous allons souvent
à Isshiki Kaigan, une petite plage
très agréable à 1 heure de Tōkyō.

なのでよく友達と一色海岸へ行きます。

un yukata

東京の夏は
きれいです。
浴衣を着て
盆おどりに
行きます。

乗りかえは大変です。

ゴキブリ全盛期です。

ダースベイダーが通ります。

セクシー 0% SEXY

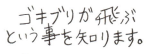

ゴキブリが飛ぶという事を知ります。

Je ne savais pas que les cafards volaient : c'est encore pire que ce que je pensais.

~~北極です。~~
電車の中です。
→

Groenland? Sibérie?
Non, non, juste
l'intérieur du train
avec la clim' à fond.

infusion d'orge
grillé
(mugicha) 麦茶

thé vert japonais
(ryokucha) 緑茶

日本人はたくさん
水分補給をします。
水、お茶……
とりわけ麦茶！
大麦の香りがして
おいしいです。

Juste 3
aujourd'hui,
ça va mieux.

3匹。
今日は少ない方です。

→ 葛飾北斎から

36

Le mont Fuji
富士山

fruits secs
ドライフルーツ

crème solaire
日焼け止めクリーム

lunettes de soleil
サングラス

mes chaussures de rando
登山ぐつ

ミネラルウォーター
bouteille d'eau
bouteille de thé
お茶

洗面用具セット
brosse à dent
savon et mini serviette

厚手のセーター
(vu qu'il fait 0°C au sommet)
pulls et chaussettes
厚手のくつ下

レインコート
K-Way

おにぎり
onigiris

1日で高低差1476mを登ります。
たいへんだね！ Ce qui fait 1476 mètres de dénivelé à grimper en une journée quand même !

sommet : 3776m
← 山頂

On ne peut grimper au sommet qu'en juillet et août, lorsqu'il n'y a pas de neige.
登れるのは7月と8月だけ

départ : 2300m
出発地点

私の父と母が日本に来たので富士山に登ります。
Mes parents viennent me rendre visite,
alors nous décidons d'aller au sommet du mont Fuji tous ensemble.

Débuter l'ascension à 10h.

午前10時、登山開始。

Planer au-dessus
de la mer de nuages à 14h.

午後2時、雲海展望。

Arriver au dernier refuge
à 17h et se coucher à 19h.

午後7時、就寝。

午後5時、山小屋到着。

Se lever à 3h du matin.

午前3時、起床。

Grimper les dernières
centaines de mètres.
山頂を目指す。

日本の最高峰から見る日の出。
Voir le soleil se lever depuis le plus haut sommet du Japon.

Tsuruse

鶴瀬

Tsuruse 鶴瀬

シェアハウスでもう1年。いいけど...
もっと日本人と交流したい。もっと深く内側から日本の文化を
見つめたいと思います。ある友達がマリコさんという人を紹介してくれます。
彼女は専業主婦で子供が2人います。子供たちの教育の為に英語を話す
外国人を家に招きたいとの事です。私の英語はパーフェクトではないけど、
私の申し出をよろこんで引き受けてくれます。鶴瀬のマンションに引っ越しです！

マリコさん
Mariko

お父さんは福岡に単身ふにん。息子と娘は中学生です。
Le papa travaille à Fukuoka pour le moment,
il ne rentre que deux ou trois week-ends par mois.
Le fils et la fille sont tous les deux au collège.

C'est un appartement moderne. Il y a un interphone tout neuf avec un bouton qui m'a intriguée l'autre jour, si bien que je n'ai pas pu m'empêcher d'appuyer dessus.
居間のインターフォンの中に不思議なボタンがあります。
好奇心でおしてみます。

5分後... 5 minutes après...

ぜんぜん問題ないです。大丈夫です。
Non non, aucun problème, tout va bien!

Code 83, je répète : code 83. Encore un étranger qui s'est trompé de bouton. Terminé.
コード83、コード83、また外国人がまちがってボタンをおしたみたいです。以上。

おしたボタンは **緊急警報**
C'était le bouton d'appel d'urgence.

HONTE HONTE HONTE
はずかしい はずかしい

Le vélo 自転車

Au Japon...
日本では...

Les vélos roulent aussi sur les trottoirs.
...自転車も歩道を通ります。

passe à 2 mm

NIVEAU DE DANGER
危険度

ただちに逃げて！
Fuyez !

非常に危険！
Danger imminent !

危険！
Attention !

注意！
Soyez vigilant.

問題なし
Ça va.

一番あぶないのは重い電動ママチャリで
まわりを気にしないお母さんです。

カゴ用バンド
360°縦回転（バックフリップ）をしても、カゴの中の荷物はそのままです。

お年よりは すぐに止まれないので危ないです。
Ou les petites mamies qui roulent bien mais qui ont du mal à éviter les obstacles.

Il y a aussi les jeunes fous qui roulent sous la pluie, en tenant un parapluie tout en parlant au téléphone.

よくいる こうゆうタイプでも危ないです。

なので、本当はだめだけどときどき『黄色のレゴゾーン』テクニックを使います。

Je vous explique : au Japon, sur les trottoirs, il y a un revêtement spécial pour aider les non-voyants.

日本では歩道に、目の見えない人たちのための点字ブロックがあります。

点字ブロックはレゴブロックににているので、私は『黄色のレゴゾーン』といいます。

Lequel voulez-vous ? どの色がいい ?

Moi ça me fait penser à des légos. LEGO©

私も自由がほしい。私もいろんな所へ行きたい。自転車を買います！

Et puis, je décide de m'acheter un vélo, moi aussi, je veux ma liberté !

緑 ? le vert ?   白 ? le blanc ?   茶 ? le marron ?

Le rouge !
La couleur de l'amour,
de la passion,
de la révolution !

赤。
それは、愛、情熱そして、
革命の色！

j'aime 好き

J'aime les petits coussins fabriqués par les mamies du quartier et gentiment posés sur les sièges de la gare de Tsuruse, pour ne pas avoir froid aux fesses.

鶴瀬駅のイスには
おばあさんたちが作って
くれた座布団が
あります。

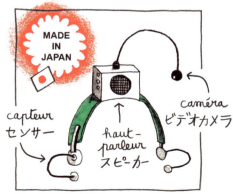

電車で見かける女の子 Les femmes dans le train

La gare de Shinjuku.

新宿駅
午後6時半。

今日もとてもいそがしい
です。アニメのレッスンは
あっち、フランス語のレッスンは
こっち、仕事の面接は
そっち。夕ごはんの時間に
間に合わせるために
帰るとちゅうです。
今、本当につかれています。

cheveux plats
髪はべったり

sueur 汗

manteau
季節はずれのコート

sac de courses
買い物袋

sac très
lourd (scanner +
ordi + livres +
matériel à dessin)

とても重いリュック
(コンピューター＋本＋
スキャナー＋デッサン用具)

j'aime 好き

J'adore ma miniterrasse.
私のミニテラスが
好きです。

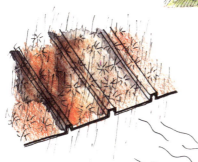

布団の中で雨の音を
聞くのが好きです。

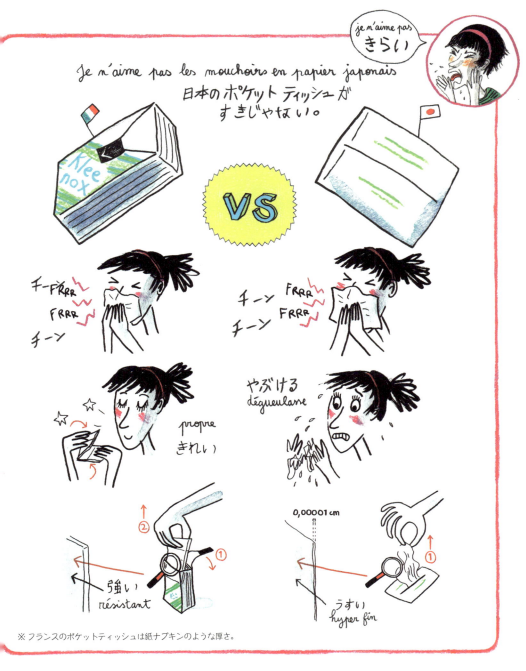

Meguro
目黒

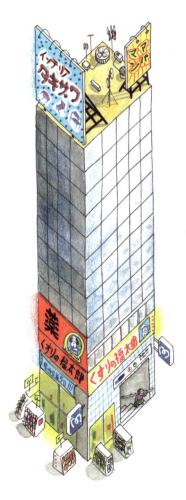

Meguro 目黒

日本で1年半。
まだ日本語を話せません。
決心して貯金を切りくずし、
渋谷にある日本語学校へ
行きます。ちょうどいいタイミングで、
目黒(渋谷に近い)の2人暮らしの
シェアハウスに空きがあります。

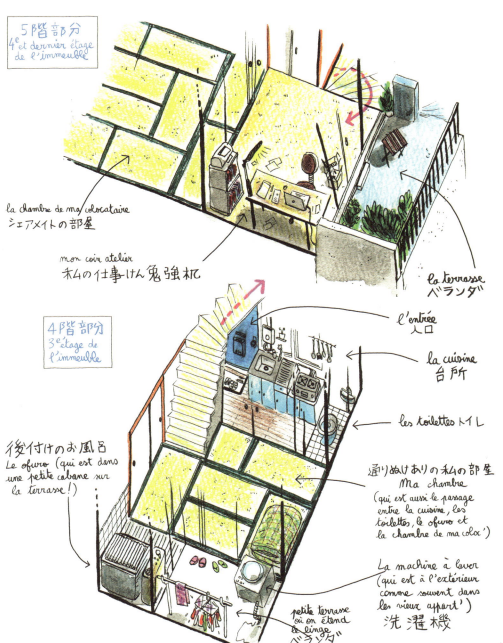

70年代アパートセット / le kit de l'appartement des années 70

これからあげる9つのポイントで、日本の古いアパートのスタイルが分かります。

POINT 1

鉄製のドアに鉄製の郵便受ケ

La porte d'entrée métallique (qui ressemble à une porte de bunker) avec la boîte aux lettres incrustée.

POINT 2

玄関のちょっとしたあがリロ

Comme dans tous les intérieurs au Japon (et même parfois au restaurant ou chez le docteur), on se déchausse avant d'entrer.

新しい家には段差がないことも。

D'ailleurs, dans les vieux appart', il y a toujours une différence de niveau entre l'intérieur et l'extérieur, ce qui n'est pas toujours le cas dans les nouveaux.

掃除に便利！

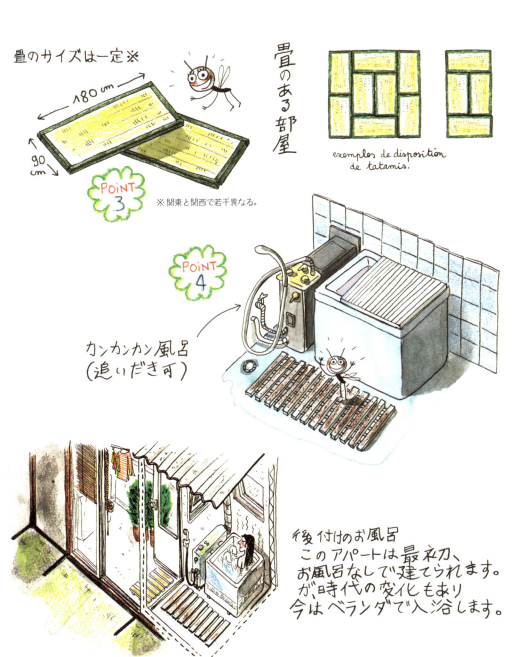

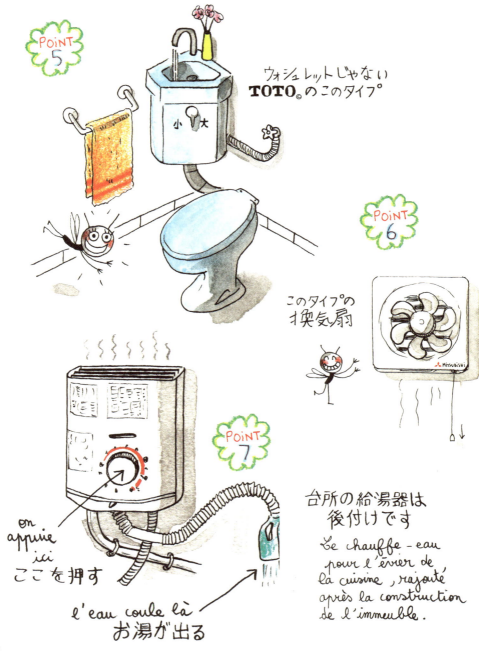

POINT 8 押し入れ

POINT 9

Enfin, les jolis carreaux du sol des toilettes et du ofuro qui imitent les cailloux de la rivière.

お風呂とトイレの床にこのタイプのタイル

L'école de japonais 日本語の学校

毎日、自転車で日本語の
学校へ行く日々です。

Tous les jours,
je vais à l'école de japonais
sur mon petit vélo.

目黒川沿いが
通学路です。

Je longe la rivière
Megurogava
de Meguro à
Nakameguro...

もちろん日本語の授業で先生は、
日本語だけで説明します。

Bien sûr, tous les cours
sont uniquement en japonais.

OK, je ne comprends déjà plus
le début de la phrase !
オッケー文の始めもわすれちゃった...

ATM

Le 11 mars 2011年3月11日

Shibuya, le vendredi 11 mars 2011.
2011年3月11日金曜日渋谷

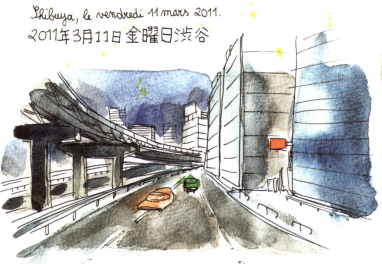

Je suis à mon cours de japonais.
日本語学校で授業です。

とても強い揺れです。

...est particulièrement longue.

Tout le monde se rassemble.

みんな中庭に集まります。

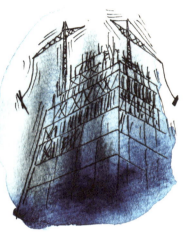

À l'école de japonais, seuls les enseignants et le personnel administratif sont japonais et habitués aux séismes.

学校で日本人は少なく、
先生とスタッフだけです。
地震を理解しているのは
彼らだけです。

とても長い6分間。
Pendant 6 interminables minutes, la terre tremble.

« Venez voir ! Aux infos ils disent qu'à Miyagi, c'était un séisme de Shindo 7 ! Et Shindo 5+ à Tōkyō ! »

「来て見て！ニュースで宮城 震度7 福島で6強といっているよ！東京は震度5強。

Il est 14h56, une alerte au tsunami est déclenchée sur la côte Pacifique Nord-Est.

午後2時56分。
大津波警報が出ます。

« Sortez ! Sortez ! »
「出て！出て！」

大きな余震です
Une nouvelle secousse.

Le Directeur de l'école dit à tout le monde de rentrer chez lui, il n'y a plus de cours aujourd'hui.

家に帰って下さいと校長先生が言います。

公共交通機関がストップしたため、私と友達は歩いて帰ります。

Les transports en commun sont à l'arrêt, je propose à deux amies de rentrer à pied jusqu'à chez moi.

Le grand boulevard Yamate Dori, d'habitude assez vide, est aujourd'hui noir de monde.

山手通りを
たくさんの人が
歩いています。
見た事がない
光景です。

家に着いてガスをチェック。

Une fois à la maison, je vérifie le gaz et je ramasse quelques objets tombés par terre.

地震で落ちた物を
なおします。

Le réseau de téléphones mobiles ne fonctionne toujours pas.

C'est le matin chez mes parents, en France. Je leur envoie un e-mail pour leur dire que je vais bien.

インターネットのメールで
フランスの家族にメールを
送ります。
携帯は圏外のまま。

インターネットでライブのニュースを見ます。

Puis nous regardons les informations en direct sur Internet...

「また大きな余震だ！出ましょう!!」 《Une réplique, vite! Sortons!》

Que faire? Aucune de nous n'a envie de se retrouver seule.

どうしたらいい。私達、外国人だから…

《Nous devrions aller dans un endroit où il y a des Japonais, eux savent quoi faire.》 Nous décidons d'aller dans un bar à Nakameguro.

「日本人がいる所へ行こう！」
中目黒のカフェに行きます。
「携帯に電波もどった！」

《Le réseau est revenu!》

Mes amies parviennent à contacter leurs fiancés et partent les rejoindre. Moi, je vais rejoindre une amie japonaise à Ebisu.

なので、友達はそれぞれ彼氏に会いに行きます。

私は日本人の友達と恵比寿で会います。

《 Julie, je suis là ! 》
「あっ！ジュリここです！」
Il paraît qu'il y a
une fuite radioactive à
la centrale nucléaire
de Fukushima !
福島で放射能もれが
あるらしいです。

原発の まわりでは
6000人が 避難します。

Je passe la nuit chez mon amie, à regarder
les infos. 6000 habitants des environs
de la centrale sont évacués.

友達の家に泊まります。

À 4h28,
une réplique particulièrement forte.
午前4時28分また 大きな余震があります。

Les infos du matin affirment qu'un
problème de refroidissement a été
détecté sur un réacteur de la centrale.

朝のニュースでは原発に
問題があると言っています。

お水はボトル3本まで 3 bouteilles maximum par personne

vide

Avant de rentrer chez moi, je passe au supermarché.

私の家に帰る前に スーパーへよります。

Vous partez à Hong Kong maintenant ?! Vous pensez que ça craint vraiment à cause de la centrale !

Au téléphone avec une amie allemande

東京のドイツ人の友達との電話
「今から香港に行くの!?本当に放射能が東京まで…」

message un peu contradictoire de l'ambassade qui conseille de quitter le Japon mais que le risque n'est pas si important.

フランス大使館から「日本を出て下さい。でも大丈夫です。」と言う矛盾したメッセージ。

日本人の友達カップルの家に泊まります。
次の日、私は無神論者だけど
近くの神社にお参りします。

Je passe la nuit chez un couple d'amis japonais.
Je suis athée, mais le lendemain matin, je ne peux m'empêcher de passer par le sanctuaire près de chez moi.

83

東京のフランス人の友達との電話
「今まで横浜の会社にいたの…
今、あなたの家…
そうだね。私も日本をはなれたくない…
沖縄…一緒に…もうチケット買った…」

《 Alors, tu étais bloquée à Yokohama depuis hier ? Ah, tu es chez toi là…
… moi non plus, je ne veux pas « m'enfuir » du Japon … À Okinawa ?
…Tu as déjà les billets ? 》

今から友達と沖縄に行くので、私の家族は安心します。

Ma famille est rassurée, je rejoins mon amie française pour partir à Okinawa.

ここにまた帰れるかな…

Je quitte mon appartement sans savoir s'il me sera possible d'y revenir un jour.

私の日本人の友達は明日、仕事に行きます。とても後ろめたいです。

Je me sens tellement coupable, mes amis japonais reprennent le travail demain.

Je suis déjà allée à Okinawa,
mais en vacances.
Cette fois-ci, je ne sais même pas
si je reviendrai à Tōkyō.

東京から遠くはなれた所へ
行きます。
帰りが分からないまま。

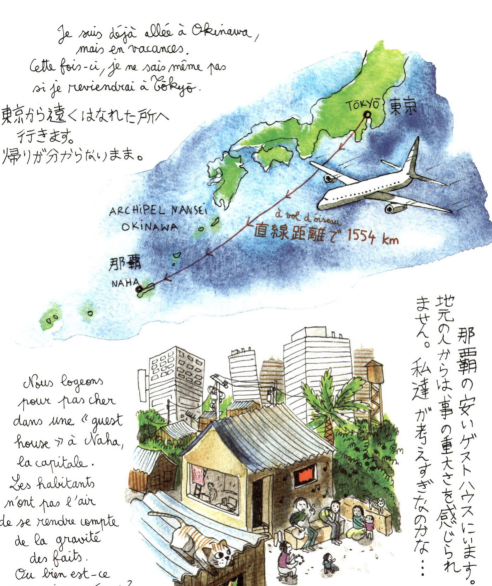

那覇の安いゲストハウスにいます。地元の人からは事の重大さを感じられません。私達が考えすぎなのかな…

Nous logeons
pour pas cher
dans une « guest
house » à Naha,
la capitale.
Les habitants
n'ont pas l'air
de se rendre compte
de la gravité
des faits.
Ou bien est-ce
nous qui exagérons ?

ゲストハウスに来た外国人たちは毎日、原発のニュースをチェックします。情報がさくそうしているので、何を信じたらいいか分かりません。

Mon amie, un autre ami français et moi passons nos journées collés à nos ordinateurs, en attente de nouvelles concernant la centrale de Fukushima.
C'est une grande période de doutes car nous lisons tout et son contraire. Que croire ?

放射能を避けるため、東京から日本人の家族が来ます。地元の人は事の重大さが分かります。

L'insouciance des habitants d'ici prend fin lorsque se mettent à débarquer des familles japonaises fuyant les radiations.

On visite l'arrière-pays de Hontō (l'île principale), c'est magnifique mais nous n'avons pas vraiment le cœur à faire du tourisme.

沖縄の自然を見に行きます。バカンスが感じられません。

À l'aquarium de Churaumi.

美ら海水族館へ

原子力発電は見かけは良さそうだけど、大災害を引きおこすので、一番良くないエネルギーだよね。指導者達は何回、同じまちがいをくり返したら、人間味のある再生可能エネルギーなどに投資を考えるのかな。

L'énergie nucléaire, ça a l'air tout bien tout propre comme ça, mais ça reste vraiment de la merde, hein ? Combien va-t-il falloir de catastrophes et de scandales pour que les décideurs se retroussent les manches et investissent vraiment dans les énergies renouvelables ?

20日間沖縄にいた後で東京に戻ります。

Après 20 jours passés à Okinawa, nous rentrons à Tōkyō.

お花見の季節です。

Nous sommes au printemps, c'est la saison des cerisiers en fleurs : "O Hanami".

Retour à la maison
家に帰ります

j'aime le nattō
納豆が好き

Le nattō, c'est un aliment japonais traditionnel à base de haricots de soja fermentés. On le mange souvent au petit déjeuner, accompagné de riz nature.
Moi, je trouve que ça a l'odeur du roquefort et la texture de... comment dire... d'un mix entre de la morve et de la colle néoprène.
Le nattō est très bon pour la santé et fait partie des aliments qui favorisent la longévité célèbre des Japonais.

Mariko, la maman
マリコお母さん

Maintenant, j'aime le nattō, mais au début, comme beaucoup de non-Japonais, je n'aimais pas ça du tout ! C'est lorsque j'ai vécu à Tsuruse que j'ai commencé à vraiment comprendre la cuisine japonaise grâce au talent de Mariko.

私は今でこそ納豆を好きになったけど、日本人も少なからずそうである様に最初はまったくダメ！
鶴瀬に住んでいた時、日本の、本当の家庭料理を理解しはじめます。
マリコお母さんのおかげです。

Le petit déjeuner japonais

日本の朝ごはん

フランスの朝ごはんは甘いものだけです。この習慣は世界でもフランスだけだと思います。

私はフランス人だけど、昔から朝ごはんに色んなものを食べています。まわりの人は皆、「朝からそれを食べるの?」といってしかめ面をします。

よかったです。日本では朝から何でも食べられます。誰も何もいいません。

和食
LE PETIT DÉJEUNER TRADITIONNEL

PETITE SALADE / サラダ
梅干 UME BOSHI
SAUMON GRILLÉ / 鮭
omelette japonaise / 卵焼き / 卵焼き器 cuite dans une poêle carrée avec de la sauce soja, etc.
ひじき ALGUES HiJiKi
bol de RIZ
塩こんぶ COMBU SALÉ
soupe miso / みそ汁

Himonya
碑文谷

Mon petit «chez-moi» à Himonya
碑文谷と言う私の休息地

地震のあとで たくさんの フランス人は 日本をはなれます。
フランス人の 子供むけ絵画教室のキャンセル。
東京国際フランス学園でのワークショップのキャンセル。
なので、私の仕事はなくなります。私の日本語学校も終わります。

フランスに帰らなきゃと思いますが…

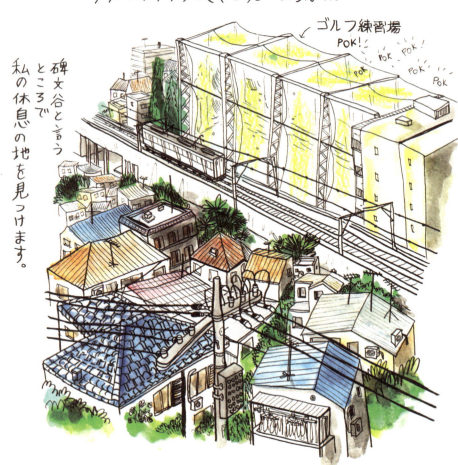

運よくグラフィックデザイナーとして、
会社で働く事が出来ます。
もうちょっと日本にいれます。

これまで約10年以上、シェアメイトが
いた私の人生。決断します。
これからはひとり暮らしです。

また住むのは、70年代
アパートセットです。

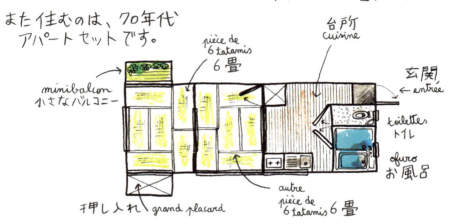

私(フランス人たち)は、東京といえば高層ビルが
立ち並ぶ、映画「ブレード・ランナー」のイメージが
どうしても強いですが、ここ碑文谷もまた東京なんですね。

私の国では
家を石で作ります。
畳、障子、石こうボードで
組み立てれる日本の家。
レゴは日本人の
発明かな？

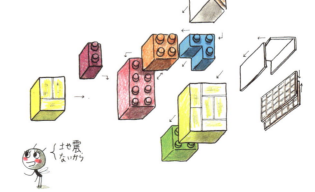

97

日本の電車

私は東京で会社員です。
　　　　一週間に5日、10時から19時まで働きます。
通勤には公共交通機関を利用します。
日本に来た事がない人にとって、公共交通機関は
いつも混雑してせわしないイメージがあると思います。
もちろんラッシュアワーは本当に大変です。が…

他の国の整理整とん

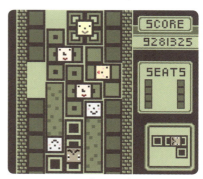

日本の整理整とん

だから… 日本人は テトリスが
とても上手なんじゃ
ないかなと思います。

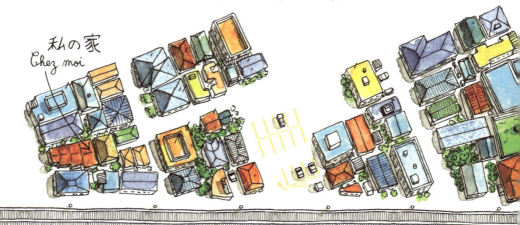

私の家
Chez moi

もしフランスにあったら、
ほとんど毎日もらえます。

それと駅はきれい、スタッフは
いつもいるので安心、トイレが
あります。
なので他の国には悪いですが、
日本は世界の公共交通機関の
金メダリストだと思います。

ラッシュアワー時、2分間隔で
10両編成で全長200mの電車が来ます。
すごい段取りです。ちなみにパリの地下鉄は
6両編成のやく90mです。

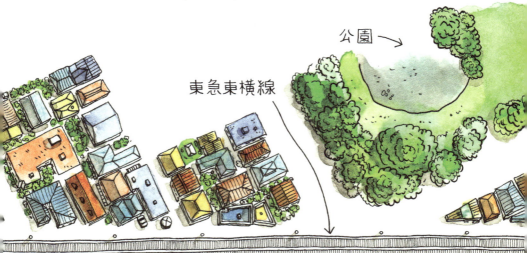

公園→

東急東横線

Moi, ce que j'adore, c'est observer les gens dans le train.
車内で一番好きなのは、人々を観察すること

Je déteste les répliques du tremblement de terre. 余震がきらいです。

休日の朝早くから近所をまわる廃品回収車がきらいです。

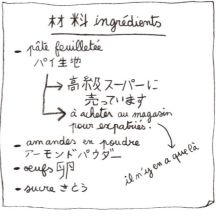
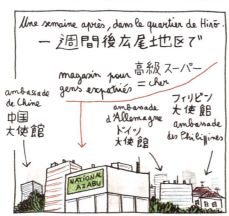

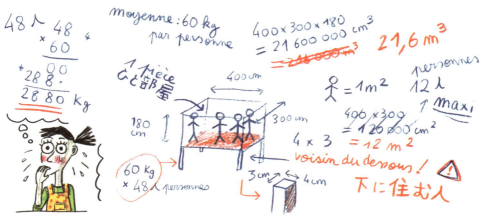

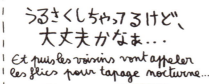

Kiyosumi Shirakawa
清澄白河

Love story ラブストーリー

香港に越して
おいでよ！
助けてくれる人は
いっぱいいるわよ。

会社員の仕事をやめ、
2ヶ月間、日本のアパートを
友達にお願いして、
香港に行きます。

『香港に住むアメリカ人の友達は
『デジタル マーケティング』という仕事。
よく分からないけど、超クールな響き！

そして数週間、インドネシアのギリ島で
哲学者の魚と話します。

『同じ川には
2度入れない。』*
《 On ne se
baigne jamais
deux fois dans
le même
fleuve. 》

Mmh...
Intéressant...
え〜

《 Le dehors guérit. 》
『重要なのは重くことなのだ。』**

* ヘラクレイトス：古代ギリシアの哲学者
** ロバート・ルイス・スティーヴンソン

バイバイ東京！
Et hop! Billet acheté, à nous deux, Hong Kong!

東京へもどって決断です。
香港に引っこしします。

J'achète mon billet aller simple Tōkyō → Hong Kong.
片道チケットを買います。

まずアパートの退去手続き（3ヶ月前）をして、香港のシェアハウスを予約します。家財道具の処分もしはじめます。

しかし…私の引っこし計画に暗雲がたれこめます。

…Un Hello Kitty géant envahit Tōkyō ! ねこちゃんが東京を襲う！

113

ははは。ねっこ襲撃はジョークで、本当は植物が増殖し、更に巨大化して東京を飲み込む!

ははは。東京ジャングルはジョークで、本当はイッセイという人と出会う!

Issei, qui devient mon amoureux.
イッセイはのちに彼氏となる人です。

のこり3ケ月のロマンス。
最後のひと時を楽しみながら
香港に着きます。
仕事を探す計画だったけど、
モチベーションが下がります。
その上、イッセイが私に会いに来ます。

Euh... Je dis ça comme ça... mais... Si jamais ça te disait de revenir à Tôkyô, tu pourrais vivre avec moi.

えーと、もし あなたが...
東京に...リ帰りたいなら...
私の家に...でもいいん
じゃないかな...

Ha oui ?
そう？
本当に！

Il ne m'en faut pas plus pour annuler mon plan d'installation à Hong Kong et suivre Issei à Tôkyô !

香港
Hong Kong

東京
Tôkyô

私の香港移住計画を急きょキャンセルし、イッセイと東京へ帰ります。

115

東京にまた夏がやって来ます。
バルコニーにキャンプテーブルを
おいて、朝、築地で買った
刺身を白ワインとともに味わいます。
蝉の唄を聞きながら。

Une nouvelle vie commence !
新しい生活がはじまります。

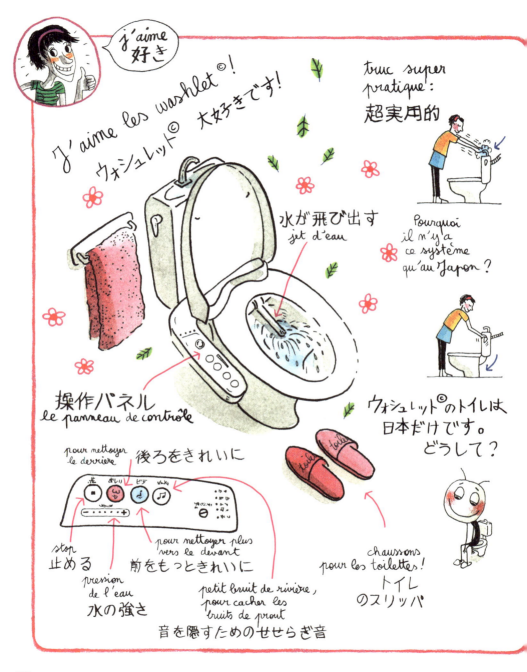

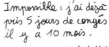

日本人の有休を取らない事がきらいです。

　まず、フランスの1時間あたりの生産能力は先進国の中でも上位にあります。
　　次に、ある人が有給を取った時、同僚がその人の仕事をする。
これはグループスピリットだと思います。そして、二週間のまとまった休みの後では、
　　　　リフレッシュした頭で仕事に取り組めると思います。
　　　過労とストレスでは、生産的な仕事が出来ないはずです。
　　　　ところで、あなたの人生とは何ですか？

Ma vie quotidienne dans la Shita machi
下町の生活

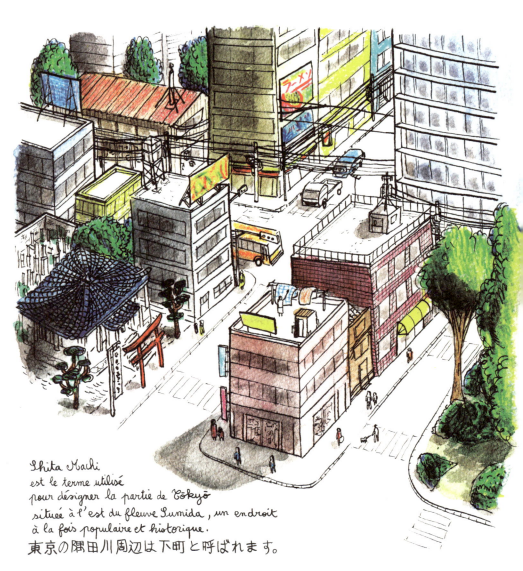

Shita Machi
est le terme utilisé
pour désigner la partie de Tōkyō
située à l'est du fleuve Sumida, un endroit
à la fois populaire et historique.
東京の隅田川周辺は下町と呼ばれます。

l'été
夏

« Katori senko »
蚊取り線香は
渦巻き型

← On essaye de faire pousser des goyas.
ゴーヤーの芽

matcha まっ茶
(poudre de thé vert)

あんこ anko

れん乳 lait concentré

Le « kakigori », c'est de la glace pilée sur laquelle on peut mettre du sirop, du lait concentré, de la pâte « anko »... Mmmh, c'est simple et trop bon ! かき氷はシンプルでおいしい！

Notre machine pour le faire soi-même !
私たちのかき氷機。

Tous les jours, le chat regarde passer les voitures.

毎日猫は車を見ています。

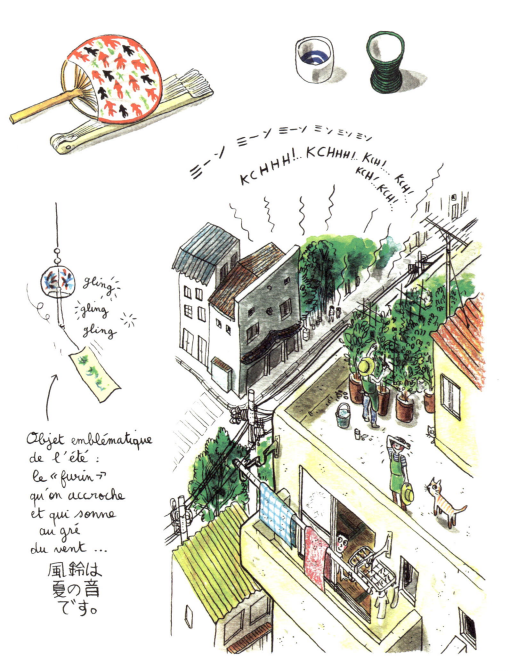

近くのお土産屋の
夫婦はいつも私に
声をかけてくれます。

名物
あさりの佃煮。

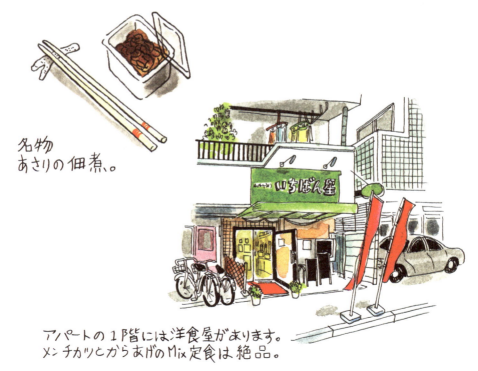

アパートの1階には洋食屋があります。
メンチカツとからあげのMix定食は絶品。

枡酒
Un « masu » de saké. C'est un gobelet en bois de forme carrée.

Un poisson qu'on mange en automne : le « sanma » !
秋刀魚

大根 daikon (gros radis) râpé

(izakaya = bar où on mange)
Dans le petit izakaya typique des quartiers populaires, au coin de la rue.
コの字型の大衆居酒屋

下町の息抜き
スタイル。

125

C'est aussi un quartier
sillonné de canaux,
et donc de ponts.

近くの清澄庭園には
よくリフレッシュに行きます。
この辺りでは沢山の
水路に様々な橋がかかっています。
水辺が好きな私にとって
とても気持ちがいい所です。

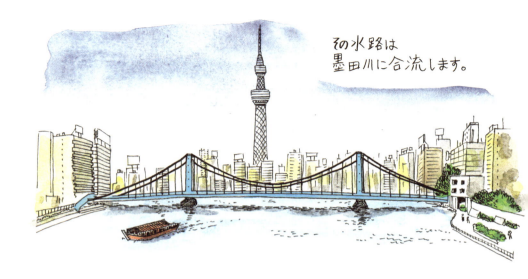

その水路は
墨田川に合流します。

松尾芭蕉も住んでいた所です。
この界隈では彼の記念碑がよく
見られます。今は銅像の松尾芭蕉が
静かに墨田川の流れを眺めています。

C'est ici qu'en 1680,
le célèbre poète
Matsuo Bashō
vint s'installer.

Au bord
de la Sumida,
une sculpture
de bronze
le représente
en train de méditer.
Un peu partout
dans le quartier,
on trouve
de nombreux
monuments
en son honneur.

J'aime les vendeurs ambulants de mon quartier.
いどう販売車 が 好きです。

hot dog, ice cream ♪
ホットドッグ, ホットドッグ
アイスクリーム

le vendeur de glaces + hot dogs
ホットドッグと アイスクリーム

le marchand de fruits et légumes
やお屋

musique du film
Le 3e homme
映画「第三の男」の音楽

le boulanger
パン屋

↑
les mamans
お母さんたち
après l'école 学校の後で

SLUP ツルツル
SLUP

le vendeur de rāmen
(soupe + nouilles)
ラーメン屋

129

Conan コーナン

En ce moment... 今…

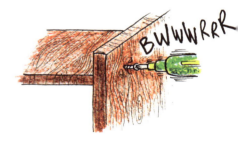

私は家具を作っています。
（私の荷物がイッセイの
スペースを侵略しつつ
あるため）

なので、「コーナン」に行きます。
（アニメのコナンではなく、
ホームセンターのコーナンです）

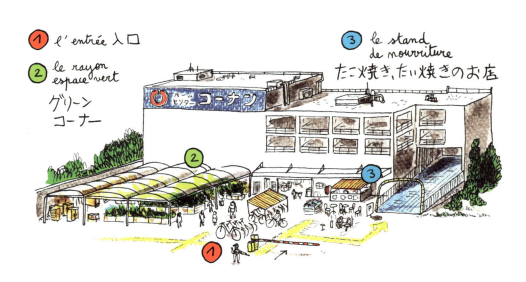

人口のおじさんは
ブエナビスタ・ソシアルクラブの
人みたい。

グリーンコーナーでは1日中
ポニョの木琴歌なし
バージョンがくり返し流れています。

6時間後の
スタッフ。

不思議です。いつもコーナンに
入る前におなかがすきます。

店内では洋楽邦楽のヒット曲で、歌なしシンセサイザーバージョンが流れお客さんを楽しませてくれます。私の楽しみはこの曲は何ですか？ゲームをする事です。

The Jackson five avec « I want you back » !
ジャクソンファイブの ♪帰ってほしいの！

The Clash avec « Should I stay or should I go ? » !
クラッシュのステイ・オア・ゴー！

Bob Marley avec « No woman, no cry » !
ボブ・マーリーのノー・ウーマン・ノー・クライ

えーとえーと
Attends, attends...
Je la connais celle-là...
これは…これは…

Oui ! C'est Elton John avec « Your song » !
あっ！エルトン・ジョンの僕の歌は君の歌！

133

... des mamies ...
おばあさん

... des femmes au foyer ...
主婦

... et des ouvriers du bâtiment. 買物をする職人たち

ニッカポッカスタイル
pantalon style
« nikka pokka »

chaussures
style « tabi »

たび
スタイル

日本の職人たちは、まるで伝統衣装を着ているみたいです。ここでも日本の風習を見かけます。

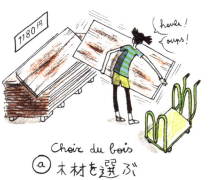

Choix du bois
ⓐ 木材を選ぶ

ⓑ Et hop, direction la caisse!
レジへ

ⓒ Payer à la dame à la permanente
パーマをかけた スタッフに支払い

ⓓ Aller à la coupe du bois

購入済 →

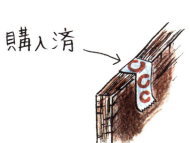

裁断コーナーへ

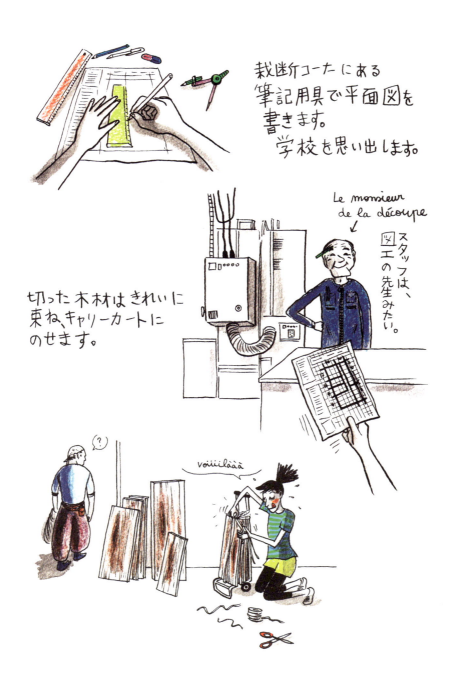

Arubaito アルバイト

*フランスの有名なインターナショナルコミックフェア

ジョージ・クルーニーは私の友達ではありません。有名スターでもありません。

En fait, pour payer mon loyer, je fabrique de la méthamphétamine.

家賃の支払の為、コカイン工場で働きます。

Ha ha ha ha!! Non, c'est pour rire! En fait je travaille à mi-temps dans une usine de pâtisserie française.

は、は、は冗談です。本当はフランスのケーキ屋の工場で働きます。

sacs plastique
ビニール袋

Je crois que je vois trop de séries américaines.
きっとアメリカのドラマの見すぎですね。

145

ここでは
完ぺきな仕事が
求められます。

En pâtisserie,
le mot d'ordre
c'est « la perfection »,
encore plus au Japon.

完ぺきでないものは、すべてすてます。
私が思うにそれはもったいないです。

Epilogue
エピローグ

イッセイは夜勤のある仕事をしています。
今は問題ないけど、私たちの未来を考えた時、
他の仕事があれば もっと良い生活になるんじゃ
ないかと言う話になり、

イッセイはちがう道に
すすむ為、
勉強する事になります。

冷ぞう庫 frigo

議論の末、良い構想にたどり
着きます。2人で、
フランスへ行き、1,2年間住み、
その間、イッセイは大学で教育を受けます。
まずはフランス語の勉強からスタート。

Premièrement, on vend ou donne toutes nos affaires.
まず、私たちの荷物を処分します。

こうゆうルートです：
冷蔵庫はマリーその次ガス
コンロはアキ、その次テーブルはクミコ、
その次 観葉植物はフィル、その次 洗濯機は...

« GRATUIT SERVEZ-VOUS »
どうぞご自由に。

Deuxièmement,
Issei quitte son travail.
次にイッセイは仕事を
辞めます。

Et troisièmement,
on dit « au revoir »
à notre petit
appartement.
そして、思い出のある
私たちのアパートに
別れを告げます。

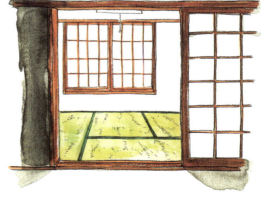

151

フランスへ発つ前、一週間、秋田のイッセイの実家に行きます。

C'est l'hiver, dans le nord du Japon.

冬の北国です。

Nous passons deux jours à « Tsuru no yu », un onsen particulièrement réputé, situé en plein milieu de la montagne.
「鶴の湯」1泊。静かなひとときです。

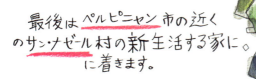

* パリの地下鉄の改札はトム・クルーズもびっくり！沢山の荷物を持っては、ミッション・インポッシブルです。
** フランス版新幹線

Ma petite Nami, tu n'arrêtes pas de bouger pendant que maman dessine, hein !

おっ、ナミちゃん！よく動くね！！お母さんはイラストを描いてるよ！

*

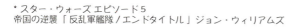

* スター・ウォーズ エピソード 5
帝国の逆襲「反乱軍艦隊／エンドタイトル」ジョン・ウィリアムズ

つづく

イラスト、テキスト、デザイン：ジュリ・ブランシャン・フジタ
（日本語の翻訳は藤田一世と共に。）

1979年、フランス西部サント市に生まれる。弟と妹が生まれた後、1992年ペルピニャン近郊の小さな村に移り住む。その後、ニーム高等学校、トゥールーズ大学へ進学。2004年にストラスブール・アートスクールを卒業。2005年からイラストレーターとして活動を始める。財団から援助を受け、ドキュメンタリーイラストレーターとして、アマゾンの熱帯雨林を中心にポリネシア、オーストラリアなどを訪ね、出版物やイラストの仕事の傍ら現地の日常生活を描く。2008年、取材活動の一環として東京に短期滞在する。日本文化に感動し、翌年から日本で生活を始める。2017年、日本の日常生活を綴った『J'aime le nattô〔納豆が好き〕』を、Hikari Éditions（フランス リール）から出版しベストセラーに。2018年、子ども用ミニ絵本シリーズ『mon imagier japonais』〔動物編、もの編、食べ物編など〕を、Hikari Éditionsから出版およびコーディネート。結婚し一児の母として東京近郊で暮らしながら作品制作を行う。現在はHikari ÉditionsとKana出版社で出版予定の書籍を制作中。
www.julieblanchin.com

一世と私の両親のアンマリとジルベール、
一世の両親の茂子さんと靜雄さん、家族全員、
本当にどうもありがとうございました。

納豆が好き──フランス人、ジュリの東京生活

2019年9月25日　初版第1刷発行

著者─────ジュリ・ブランシャン・フジタ
発行者────平田　勝
発行─────花伝社
発売─────共栄書房
〒101-0065　東京都千代田区西神田2-5-11 出版輸送ビル2F
電話　　　　03-3263-3813
FAX　　　　03-3239-8272
E-mail　　　info@kadensha.net
URL　　　　http://www.kadensha.net
振替　　　　00140-6-59661
装幀─────生沼伸子
印刷・製本──中央精版印刷株式会社

Ⓒジュリ・ブランシャン・フジタ
本書の内容の一部あるいは全部を無断で複写複製（コピー）することは法律で認められた場合を除き、著作者および出版社の権利の侵害となりますので、その場合にはあらかじめ小社あて許諾を求めてください
ISBN978-4-7634-0901-0　C0095

花伝社の海外コミック

マッドジャーマンズ──ドイツ移民物語

ビルギット・ヴァイエ 著／山口侑紀 訳　定価（本体 1800 円＋税）

●第 22 回文化庁メディア芸術祭審査委員会推薦作品

見えない違い──私はアスペルガー

ジュリー・ダシェ 原作／マドモワゼル・カロリーヌ 作画／原 正人 訳
定価（本体 2200 円＋税）

●第 22 回文化庁メディア芸術祭（文部科学大臣賞）マンガ部門新人賞受賞

ゴッホ──最後の 3 年

バーバラ・ストック 作／川野夏実 訳
定価（本体 2000 円＋税）

禁断の果実──女性の身体と性のタブー

リーヴ・ストロームクヴィスト 作／相川千尋 訳
定価（本体 1800 円＋税）

わたしが「軽さ」を取り戻すまで
──"シャルリ・エブド"を生き残って

カトリーヌ・ムリス 作／大西愛子 訳　定価（本体 1800 円＋税）

ナタンと呼んで──少女の身体で生まれた少年

カトリーヌ・カストロ 原作／カンタン・ズゥティオン 作画／原 正人 訳
定価（本体 1800 円＋税）

亀裂──欧州国境と難民

カルロス・スポットルノ 写真／ギジェルモ・アブリル 文／上野貴彦 訳
定価（本体 2000 円＋税）

未来のアラブ人
──中東の子ども時代（1978─1984）

リアド・サトゥフ 作／鵜野孝紀 訳　定価（本体 1800 円＋税）